AF586177

UN BEAU JOUR

A ***

LETTRE A UN AMI

SUR UNE PREMIÈRE COMMUNION.

LONS-LE-SAUNIER,

IMPRIMERIE ET LITHOGRAPHIE DE A. LANÇON ET FILS.

UN BEAU JOUR

A ***

LETTRE A UN AMI

SUR UNE PREMIÈRE COMMUNION.

LONS-LE-SAUNIER,
IMPRIMERIE ET LITHOGRAPHIE DE A. LANÇON ET FILS.

Lk7.
12664.

Mon cher Ami,

Mon silence t'étonne et t'afflige peut-être. Calme bien vite tes inquiétudes: je vais à merveille, et surtout je ne t'oublie point. Le récit que je t'envoie en est la preuve. — Qu'est-ce donc, me diras-tu? — Patience; je m'explique.

La première communion vient d'avoir lieu ici avec une pompe inaccoutumée; comme je te sais friand des douces et saintes émotions que ne manque jamais de faire naître dans les âmes bien nées le touchant spectacle de nos cérémonies religieuses, j'ai pensé que le simple récit de tout ce que j'ai vu, entendu et ressenti dans ce jour, beau entre tous les jours de la vie, ne te déplairait point. Et voilà, d'une part, la cause de mon silence, et, de l'autre, la preuve irrécusable que ton souvenir est plus que jamais vivant au milieu de nous. Je désire donc que ce petit travail, qui ne m'a coûté que quelques heures dérobées à mon sommeil, soit accueilli par toi avec autant de plaisir que j'en ai à te l'offrir.

Et d'abord, une première communion est toujours un grand événement pour une paroisse; celle dont je veux parler a eu les plus heureux résultats. Elle avait été annoncée longtemps à l'avance.

Combien de fois, le dimanche en chaire, et plus souvent encore dans les catéchismes, dans les entretiens particuliers, en avait-il été question! Aussi était-elle attendue avec une sainte impatience.

Le dimanche précédent, les noms des enfants sortis victorieux de l'examen ont été proclamés du haut de la chaire.

J'ai bien aimé cette idée : on ne saurait prendre trop de précautions pour assurer le résultat d'une démarche qui n'est rien moins qu'un mariage sublime entre la nature humaine et le Verbe éternel!

Pendant cette proclamation, faite au milieu du plus profond silence, il m'a semblé voir certains fronts d'enfants s'épanouir sous l'émotion de la joie la plus vive; et d'autres, au contraire, se couvrir comme d'un voile de profonde tristesse : il va sans dire que ces derniers ne figuraient point sur la liste d'admission. Ces enfants, me disais-je, leurs parents surtout, sauront-ils comprendre les motifs de cet ajournement? Comprendront-ils qu'en renvoyant à une autre année des enfants ignorants ou mal disposés, le pasteur n'a d'autre but que de préserver de la profanation le plus auguste, le plus saint et le plus redoutable mystère du Christianisme, le mystère de l'Eucharistie? Singulière inconséquence du cœur humain! on exige, dans le monde, des garanties d'un commis, d'un ouvrier, d'un domestique, que sais-je? et l'on trouvera mauvais qu'un curé en exige de ceux auxquels il va confier le corps, le sang, l'âme et la divinité de l'Homme-Dieu!

Mais je ne sache pas que personne ici ait fait entendre la moindre plainte. La paroisse est animée d'un excellent esprit, et elle s'en rapporte parfaitement, pour ces sortes de choses, au zèle éclairé de son pasteur.

Ce dernier, après la proclamation dont je viens de parler, a fait appel au dévouement bien connu de MM. les instituteurs. Il a réclamé surtout le concours empressé des parents : « Nous connaissons, a-t-il dit, toutes les conséquences d'une première communion ; elles sont bien graves. Une première communion a une action décisive sur l'existence tout entière. Nous n'épargnerons rien pour assurer le succès de la nôtre ; mais nous réclamons avec instance l'appui des parents. Leurs bons exemples soutiendront la vertu chancelante de leurs enfants, et seront, pour notre faible parole, d'un très-grand poids. L'exemple, lorsque surtout il vient de haut, est une prédication vivante à laquelle il est difficile de résister. Et puis, les leçons d'un père profondément religieux sont toujours si efficaces ! la voix d'une pieuse mère est toujours si persuasive et si douce ! »

Mais, pour rester fidèle à mon programme, je n'ai à parler que du jour de la première communion.

Le temps était magnifique. La veille, il était affreux. Les enfants en paraissaient tristes. Cependant ils se sont adressés au bon Dieu et lui ont demandé, en toute simplicité, de leur donner, pour le lendemain, un beau jour. Jamais prière n'a été ni plus vite, ni mieux exaucée. Le jour a été vraiment beau ; il n'y avait pas un nuage au ciel ; le soleil brillait d'un éclat inaccoutumé ; un vent léger n'a soufflé pendant quelques heures que pour sécher, de sa chaude haleine, les chemins qu'allaient parcourir les heureux fiancés de l'Agneau sans tache.

A neuf heures, c'est-à-dire au dernier coup de la messe, le pasteur, précédé des enfants de chœur, est allé les recevoir à la porte de l'église, où tous ont fait leur entrée en chantant le psaume: *Laudate, pueri, Dominum,* que l'on dirait fait pour la circonstance. Pendant le saint sacrifice de la messe, les voûtes de l'église ont retenti du chant des sacrés cantiques: c'était d'abord l'*O Salutaris*; ensuite, quelques strophes de la magnifique prose de St-Thomas, *Lauda, Sion;* le *Te Deum* enfin, et puis le *Magnificat*.

Au moment de la communion, M. le curé a adressé à son jeune auditoire l'allocution suivante :

Surge et comede,
Levez-vous et mangez.
(Livre des Rois, ch. XIX).

Mes enfants,

« Le prophète Elie, fuyant les persécutions de l'impie Jézabel, arriva au désert après une marche d'un jour. Fatigué, il s'assit et souhaita mourir : « Seigneur, s'écriait-il, j'ai bien assez vécu ; reprenez mon âme : *tolle animam meam.* En vérité, je ne vaux pas mieux que mes pères : *neque enim melior sum quam patres mei ;* » et puis il s'abandonnait sans contrainte aux plus noirs pressentiments. Longtemps il laissa déborder l'amertume de son âme ; longtemps il éleva sa voix plaintive vers le ciel, passant tour à tour de l'espérance à la crainte, et de la crainte à l'espérance. Enfin, cédant au double poids de la fatigue et de la douleur, il s'endormit au bruit des sentiments divers qui agitaient péniblement son âme.

Il dormait, quand un ange vint le réveiller : « Levez-vous» lui dit le messager du ciel; levez-vous et mangez : *surge et comede.* » Elie ouvrit les yeux, et vit un pain à ses côtés avec un vase rempli d'eau ; il prit la réfection du ciel et s'endormit encore. L'ange, reparaissant une seconde fois, lui tint le même langage : « Levez-vous et mangez, *surge et comede* ; votre route est bien longue encore : *grandis enim tibi restat via.* « Sur la foi de l'ange, le prophète prit une nouvelle réfection, et, ainsi fortifié, il continua sa marche pendant quarante jours et autant de nuits, au bout desquels il parvint au mont Horeb, terme de son long et pénible voyage.

A vous aussi, heureux enfants, je viens dire en ce moment en vous montrant la table sainte : « *Surge et comede,* levez-vous et mangez. »

Mais cette table, où vous allez vous asseoir au premier rang, a une haute signification. Pour le bien comprendre, comprenons d'abord ce que c'est que la vie. La vie de l'homme sur la terre est un pèlerinage, une milice, un exil : pèlerins, vous avez besoin de viatique ; soldats, vous avez besoin de dévouement ; exilés, de consolations : vous trouverez tout cela à la table sainte.

I.

« Il n'est rien, mes enfants, à quoi l'on tienne plus qu'à la vie ; mais il n'est rien non plus dont on se rende moins compte. On distingue dans l'homme plusieurs sortes de vies; à vrai dire, il n'y en a qu'une seule : la vie de l'âme. Cette vie consiste dans la connaissance et dans l'amour de Dieu. Deux ennemis voudraient nous ravir cette vie précieuse :

c'est, d'une part, le culte de la raison, et de l'autre, celui de la chair ; ou plus simplement, c'est le mensonge et la corruption. Le mensonge, qui, sortant de la bouche de l'orgueilleux, voudrait se substituer à la parole du Très-Haut. C'est ensuite la corruption : l'âme qui ne sait pas s'élever jusqu'à Dieu et goûter combien le Seigneur est doux, ne manque jamais de se donner à la créature. C'est Eve et Adam prêtant l'oreille à l'esprit de mensonge, et ensuite portant une main criminelle sur le fruit défendu. Mais à côté du mal, Dieu, qui nous aime, a placé le remède. Voyez : une table se dresse devant vous ; c'est là, sur cette table, que Dieu, vérité infaillible et vie véritable, va se donner à votre âme sous la forme d'un pain, et déposer en elle le germe et le gage de la bienheureuse immortalité. Ce pain, dont la manne du désert n'était qu'une pâle figure, est le pain vivant descendu du ciel : *ego sum panis vivus qui de cœlo descendi ;* le pain du voyageur au désert de la vie, le viatique du pèlerin : *cibus viatorum,* que Dieu vous a préparé de toute éternité pour être votre nourriture aujourd'hui et tous les jours de votre pèlerinage : *iste est panis quem Dominus dedit vobis ad vescendum.* Encore au début du voyage, chers enfants, vous avez besoin, comme Elie, d'une nourriture fortifiante, car votre route est bien longue encore : *grandis enim tibi restat via.* Jeunes pèlerins, levez-vous donc et mangez, *surge et comede.*

II.

« La vie, ai-je ajouté, est une milice : soldats, il vous faut du dévouement.

Ce mot, mes enfants, était bien mieux compris autrefois qu'aujourd'hui : c'est que la table sainte était plus souvent fréquentée. Lorsque les chrétiens de la primitive Eglise se trouvaient en face de quelque grave et pénible devoir, ils ne manquaient jamais d'aller retremper leur courage au banquet eucharistique. La réception de l'auguste et sainte Victime les rendait toujours supérieurs aux exigences du moment; c'est que ce don céleste a toujours été la source des plus sublimes dévouements. Oui, Eglise de Jésus-Christ, là est le secret de votre merveilleuse fécondité. Le monde semble l'ignorer; il va même quelquefois jusqu'à le tourner en ridicule, lorsqu'il est contraint d'en admirer les fruits. Pourtant c'est là, c'est dans l'Eucharistie que se commencent et se consomment les prodiges innombrables de la bienfaisance chrétienne. Otez à l'Eglise l'Eucharistie, vous tarissez d'un seul coup la source de tous les dévouements; privée d'aliment, la charité, cette flamme céleste, s'éteindra bien vite. Alors, plus d'apôtres pour porter aux peuples lointains la semence du salut; plus de mains pour sécher les pleurs des malheureux; plus de cœurs pour recevoir les confidences de l'infortune; car c'est là que Jésus-Christ rend sa grâce plus sensible, et qu'il se plaît à enfanter des prodiges de dévouement et d'énergie chrétienne.

Et ces âmes, victimes volontaires de la pénitence, dont la vie est toute cachée en Dieu, dont les prières et les gémissements pour les pécheurs ne sont entendus qu'au ciel, dites, qui vivifie leur inépuisable amour? qui les soutient, au milieu de ces luttes intestines de la nature, aux prises avec la grâce? qui sait répandre des charmes dans la solitude et dans ces sombres demeures où elles s'enferment à tout jamais?..... car enfin, l'on ne meurt pas sans raison d'une mort lente et douloureuse; il n'y a qu'un Dieu qui puisse rendre supportable cette mort de tous les jours et de tous les instants. Demandez aux enfants de Bruno, aux disciples de Bernard, à l'humble fille du Carmel, à toutes ces âmes qui font la richesse et l'ornement de l'Eglise, demandez-leur d'où leur viennent cet oubli d'eux-mêmes, ce constant amour de la croix, cette énergie calme et sereine que nul rebut, nul sacrifice ne saurait jamais troubler? L'Eucharistie en est la source, comme celle du dévouement le plus héroïque. Qu'un fléau contagieux s'abatte sur la société et la décime, vous verrez alors l'amitié purement humaine se retirer bien vite: certes, n'a-t-on pas vu bien souvent la nature délaisser ce qu'elle avait de plus cher au monde! Remarquez, au contraire, le héros chrétien : il s'approche de la table sainte ; je ne sais ce qui s'est passé en lui : un sentiment le domine, l'amour le transporte. Fort de ses convictions, qu'a-t-il à redouter? le Dieu qu'il a reçu n'est-il pas le maître de sa vie? S'il succombe, comme Jésus-Christ, en sauvant ses frères, quelle gloire! quel triomphe! Aussi il vole à l'immortalité, qu'il goûte déjà par avance. La foi le dit et l'expérience le confirme : la communion, voilà donc le grand foyer de l'énergie chrétienne, la source inépuisable des plus sublimes dévouements ; et c'est là, mes enfants, que vous irez de temps en temps, pendant la vie, retremper votre courage et apprendre de Jésus-Christ le secret de cette science qui consiste à se dévouer. Héros chrétiens, vous trouverez toujours l'occasion de vous dépenser pour les autres ; ah ! il y a tant d'infortunes sur la terre ! Tournez aussi, tournez vos armes contre vous-mêmes ; arrachez des mains de l'infidèle ce cœur que Dieu a daigné choisir pour y fixer sa demeure. C'est dans cette noble et glorieuse entreprise qu'il faut déployer un courage supérieur à celui qui ne sait que prendre des villes et gagner des batailles.

III.

« Enfin, exilés, il vous faut des consolations.

La terre, mes enfants, n'est pas notre patrie définitive : c'est un exil ; la vraie patrie est plus haut. Là, nous attendent des fêtes éternelles et des joies sans mélange d'amertume. Bien différent est notre état présent ; l'épreuve sous mille et une formes, voilà notre pain de chaque jour.

Vous êtes loin, mes enfants, de comprendre à quels chocs imprévus, à quels principes dissolvants, à quelles lois inévitables est soumise la vie de l'homme sur la terre. Jusqu'ici, vous n'en avez connu que le beau côté ; vos jours se sont écoulés entre vos jeux innocents et les tendres caresses de vos mères ; et ce monde, où vous apparaissez seulement, n'a fait encore qu'épancher sur vous toutes les illusions de l'enfance. Age charmant ! heure trop vite écoulée ! bientôt vous verrez le revers de la médaille ; le calice des douleurs qui se remplit pour tous se remplira pour vous ; forcément vous y détremperez vos lèvres. Rassurez-vous pourtant, et surtout gardez-vous de vous plaindre. Ah ! exilés, de quoi vous plaindriez-vous, puisque le Seigneur vous présente dès cette vie le pain des anges et vous fait goûter par avance les joies de la patrie. Ces joies, il n'est aucune langue humaine qui puisse bien les définir : c'est le repos après les fatigues du voyage, c'est la victoire après les périls du combat, c'est la patrie après les douleurs de l'exil, c'est le retour de l'enfant prodigue sous le toit paternel, c'est, mon Dieu ! je ne sais rien dire davantage. Mais ces joies, chers enfants, vous allez les ressentir, vous allez enfin goûter combien le Seigneur est doux ; aussi bien, il nous en coûterait de retarder plus longtemps votre bonheur : nous comprenons votre légitime impatience. Du reste, voyez, le banquet est prêt, la table est dressée, votre couvert est mis ; heureux convives, allez prendre place, levez-vous et mangez, *surge et comede.* »

A ces douces et encourageantes paroles, tous se sont levés et approchés de la table du festin d'un air modeste et vraiment pénétré. Tout en eux respirait la plus vive confiance et le plus ardent amour. On eût dit des enfants bien nés qui vont s'asseoir à la table du plus tendre et du meilleur des pères. De retour à leur place, ils ont fermé les yeux, croisé les bras, penché la tête sur leur poitrine, et sont restés là comme abîmés, anéantis sous l'excès même de leur bonheur. Oh! puissent-ils toujours communier ainsi ! puissent-ils, après avoir savouré cette manne céleste, n'en perdre jamais le goût ! Puissent-ils traverser vaillamment l'épreuve d'une vie qu'ils commencent à peine, et s'en aller de ce monde, de banquet en banquet, de communion en communion jusqu'au ciel ?...

Après la messe, M. le Curé nous a laissés sous l'impression de ces bonnes paroles :

Tenui eum, nec dimittam.

Mes enfants,

« C'est l'épouse des cantiques qui prononce ces paroles. Elle s'est fatiguée longtemps à la recherche et à la poursuite de son époux bien-aimé. « Enfin, dit-elle, cette fois, je l'ai trouvé et je ne le laisserai point aller : *Tenui eum, nec dimittam.* » Cette épouse, c'est l'âme fidèle qui a trouvé son Dieu ; c'est vous, mes enfants, qui venez de vous asseoir pour la première fois de votre vie au banquet eucharistique. Depuis longtemps, vous poursuiviez le bien-aimé de votre âme de vos vœux les plus ardents ; que de fois ne vous a-t-on pas vus jeter un regard de convoitise sur ce tabernacle où il repose, sur cette table où il se donne !

Vous voilà satisfaits ; il est à vous. Vous pouvez dire en toute vérité : je le tiens, *tenui eum ;* mais il ne suffit pas de le posséder, il faut savoir le conserver. Combien qui l'ont perdu, après l'avoir eu longtemps en leur possession ! Vous devez donc ajouter : *nec dimittam,* et je ne le lâcherai pas. Mais comment ferez-vous pour le conserver ? Ce que l'on fait dans le monde pour retenir un hôte aimable qui nous vient visiter : on ferme toutes les issues, on lui fait bon visage, on va au-devant de tout ce qui peut lui faire plaisir. Fermez, chers enfants, toutes les portes de vos sens ; ayez pour cet hôte illustre, qui est venu s'asseoir à votre foyer, les attentions les plus délicates ; il se plaît au milieu des lis : *pascitur dilectus inter lilia.*

Enfin, mes enfants, priez pour votre pasteur, qui a tant prié pour vous. C'est, avec l'espoir de votre persévérance dans le bien, la seule reconnaissance que nous vous demandons pour les soins dont nous venons de vous entourer. Oui, priez le bon Maître de nous donner la force d'accomplir jusqu'au bout notre pénible tâche, et de remettre un jour, entre ses divines mains, toutes les ouailles confiées à notre sollicitude. »

Onze heures venaient de sonner lorsque nous sortions de l'église. Les enfants avaient besoin de se remettre des émotions de la matinée et de déverser le trop plein de leur cœur dans le cœur de leurs bien-aimés parents. Pour leur en faciliter le moyen et leur en laisser le temps, les vêpres n'ont été chantées qu'à trois heures, mais Dieu sait avec quel entrain. C'est que tous les cœurs étaient heureux et contents, parce qu'ils étaient purs... et quand le cœur est content, il éprouve le besoin de manifester sa joie par des chants.

A la fin des vêpres ont eu lieu la rénovation des vœux du baptême et la consécration à la Sainte Vierge. C'est encore M. le Curé qui a fait tous les frais de la prédication. Voici en quels termes il a préparé l'acte si touchant de la rénovation des vœux du baptême :

« *Optio vobis datur* : *eligite hodie quod placet.* »

« Le choix vous est donné : prenez aujourd'hui tel parti qui vous plaira. »

Ces paroles, mes enfants, que le vaillant Josué adressait

à son peuple dans une circonstance à jamais mémorable, je les retrouve sur mes lèvres à l'heure solennelle où vous allez renouveler, à la face du ciel et de la terre, les engagements pris à votre baptême. Pour vous aussi, le choix est libre. *Optio vobis datur* : choisissez entre le vrai Dieu et les fausses divinités. *Eligite hodie quod placet.* Toutefois, avant de vous prononcer d'une manière définitive, laissez-moi vous rappeler en quelques mots les bienfaits de votre Dieu.

Et d'abord, si vous remontez seulement de quatorze à quinze ans en arrière dans votre vie, vous êtes absents de ce monde ; votre place n'est marquée nulle part ailleurs que dans le néant ; le soleil est sans rayons pour vous, la fleur sans parfum, la terre sans produit. Il n'y a pas une créature au monde qui daigne penser à vous !

Pourtant, il existe un Être qui vous voit de toute éternité, qui vous marque votre place dans la société, vous assigne une patrie, une famille ; vous prépare le rôle que vous devez remplir, votre vie, votre tombe, votre immortalité ; et cet Être, c'est Dieu.

Vous venez de naître ; vos pleurs et vos cris annoncent qu'un nouveau mortel vient de mettre le pied dans cette vallée de larmes : *in hac lacrymarum valle.* Dieu, qui est tout à la fois votre Créateur et votre Père, ne vous abandonne point à votre malheureux sort. Il s'adresse à un des princes de sa Cour : « Ange bien-aimé, lui dit-il, je vous confie cet enfant qui vient de naître, c'est mon fils ; attachez-vous à ses pas, soyez son guide, son soutien, son consolateur ; soyez à lui, soyez près de lui, dans la bonne comme dans la mauvaise fortune ! »

Le lis est le symbole de la pureté. Restez purs ; l'épouse ne plaît tant à son époux que parce qu'elle est immaculée : *tota pulchra es, amica mea, et macula non est in te.* Que votre âme ressemble à un jardin fermé : *hortus conclusus*, fermé à tous les vains bruits du monde ; qu'on n'y entende que le murmure et les doux accents de la prière. Priez, car si le lis est le symbole de la pureté, l'Eucharistie que vous venez de recevoir est le symbole de la charité. Priez donc, l'occasion est favorable ; mais pour qui ? Pour l'Eglise d'abord ; elle est dans la détresse : à ce titre, elle a droit à vos prières. Et puis, ne vient-elle pas de vous faire asseoir à sa propre table, de vous y servir de ses propres mains, de déposer en vous son plus riche, son plus précieux trésor ?

Et son auguste chef, le Vicaire de Jésus-Christ sur la terre, le Père commun de tous les fidèles, le vôtre par conséquent, dites, n'y aura-t-il pas dans votre cœur une prière à son adresse ! Ce bon père, vous ne l'avez jamais vu, et il est bien à présumer que vous ne le verrez jamais. Pourtant, si son cœur vous était ouvert, à coup sûr vous y verriez votre place : priez pour lui !

Priez pour vos bien-aimés parents ; c'est le moment ou jamais de faire quelque chose pour eux : jusqu'ici, ils ont tout fait pour vous. Votre mère, surtout, que n'a-t-elle pas fait pour son cher enfant ? Elle vous a donné la vie au milieu des plus vives douleurs ; elle a passé bien des nuits sans sommeil autour de votre berceau ; elle a tremblé mille fois pour vos jours. Ah ! priez pour elle, pour elle qui si souvent pria pour vous ! Mais j'en vois qui n'ont plus de mère ici-bas : pauvres enfants ! vous avez déjà connu un des côtés les plus douloureux de la vie; à votre âge, on a tant besoin de sa mère ! Vraiment, votre joie d'aujourd'hui ne sera pas complète, puisque votre mère n'est pas là pour la partager; priez du moins pour le repos de son âme: peut-être n'attend-elle, pour jouir de la gloire, que les ferventes prières de son enfant au jour de sa première communion.

Priez pour vos dignes instituteurs; tenez-leur compte devant le bon Dieu de leurs bons soins, de leur surveillance active, et même de leur paternelle sévérité. Ce qu'il y a, sans contredit, de plus pénible pour eux dans l'enseignement, c'est d'être obligés parfois de sévir contre des enfants qu'ils aiment et auxquels ils portent le plus tendre intérêt.

Priez pour les pauvres, pour les infirmes, pour tous les membres souffrants de Jésus-Christ; ils souffrent : à ce titre, ils méritent un souvenir particulier dans vos prières.

Mais les plus malheureux, les seuls malheureux même, ce sont les pécheurs; et le nombre, hélas! en est si grand! Mes enfants, je vous les recommande d'une manière spéciale; adressez à cette intention une de vos meilleures prières au cœur du bon Maître, pour qu'il daigne les ramener à la pratique de leurs devoirs religieux, depuis trop longtemps oubliés.

Priez, mes enfants, les uns pour les autres; vous vous êtes assis à la même table; vous avez mangé le même pain; vous avez participé aux mêmes faveurs: les liens d'une indissoluble amitié doivent désormais vous unir. Oh! priez bien, pour qu'aucun d'entre vous ne manque à l'appel au jour des éternelles récompenses.

Ce n'est pas tout. Une tendre mère, avant de mettre son fils au jour, se plaît à lui préparer à l'avance le berceau qui doit lui servir de couche, les langes qui doivent l'envelopper, la nourrice qui doit le fortifier de son lait, le gouverneur qui doit faire son éducation. Dieu, plus tendre que la plus tendre des mères, a préparé à l'avance ce magnifique univers, pour être la demeure de son fils bien-aimé. Il dit à la terre : « Prodigue au plus vite toutes les richesses que j'ai enfouies dans ton sein ; » et la terre obéissante fait jaillir de son sein fécond les productions les plus abondantes et les plus variées. Les champs se couvrent de moissons et les prés de fleurs ; les bois se peuplent d'oiseaux, les arbres se chargent de fruits. Tous les êtres qui se remuent sur la surface du globe n'y ont été jetés que pour l'usage de l'homme ; et tous, ils viennent à l'envi lui offrir leurs services : l'abeille lui offre son miel, le bœuf la saveur de sa chair, le cheval sa vitesse, le chien sa fidélité et sa vigilance ; la brebis lui présente son lait, et l'agneau sa toison. L'agneau semble lui dire : « Je ne suis que le symbole de l'Agneau sans tache, immolé pour toi chaque jour au saint autel ! » Mes enfants, je m'arrête pour vous demander si une fois seulement, dans toute votre vie, il vous est arrivé de songer à toutes ces faveurs ? Mais nous n'avons rien dit encore : enveloppés dans une condamnation à jamais célèbre, celle d'Adam, notre premier père, vous n'aviez reçu la vie que pour la passer sous l'empire et dans l'esclavage du démon. Touché de votre malheureux sort, Dieu a pris soin de vous faire purifier dans les eaux saintes du baptême, par la vertu desquelles vous avez échappé au démon, comme les Israélites à Pharaon, en se frayant un passage à travers les flots de la mer Rouge. Après un si éclatant miracle, Dieu, ce semble, avait bien quelque raison de compter sur la sincérité de votre reconnaissance. Cependant, depuis, étant retombés dans les piéges du démon, bien loin d'écouter le ressentiment que devait naturellement lui inspirer votre ingratitude, il s'est empressé de faire éclater de nouveau ses miséricordes sur vous, en vous faisant trouver dans le sacrement de Pénitence une planche de salut après le naufrage; et l'absolution que nous vous avons donnée a refermé les portes de l'enfer entr'ouvertes sous vos pas, et ouvert sur vos têtes les portes de l'éternelle patrie ! Sont-ce là, mes enfants, toutes les miséricordes de Dieu à votre égard ? Non, oh! non; car, ce matin même, il y a mis le comble en vous faisant entrer, nouveaux Moabites, dans une nouvelle Terre promise où coulent le lait et le miel ! Reçus pour la première fois de votre vie sous la tente paternelle, assis au premier rang à la table des anges, vous avez pu le manger enfin, ce pain vivant que Dieu vous avait préparé de toute éternité pour être votre nourriture pendant tout le cours de votre terrestre existence ! Il est donc vrai, chers enfants, il est venu, ce Dieu du Ciel, il est venu dans ce temple, là, sur cet autel !...

Il est venu visiter de petites créatures inconnues au monde; et, pour s'unir plus étroitement à vous, il a renversé toutes les lois de la nature et fait prodiges sur prodiges : il s'est dépouillé des rayons de sa gloire; il s'est raccourci; il a ramassé en quelque sorte son immensité sous un peu de pain; puis il est descendu dans votre cœur, où il vit par sa grâce. Certes, mes enfants, après tant et de si grands bienfaits, si vous vous sentez le triste courage de lui préférer Satan, son ennemi, vous êtes bien libres de le faire, le choix vous est laissé : *optio vobis datur*. Choisissez donc entre le vrai Dieu et les fausses divinités : *eligite hodie quod placet.* » Ayant ainsi parlé, le prédicateur se tut. — Et tous de s'écrier : « Loin de nous la criminelle pensée d'abandonner le Seigneur pour servir le démon : *absit à nobis ut relinquamus Dominum, et serviamus diis alienis.* Nous servirons le Seigneur, parce que lui seul est notre Dieu : *Serviemus Domino, quia ipse est Deus noster.* » — « Prenez garde toutefois, mes enfants, au parti que vous venez de prendre; aujourd'hui, sans doute, la reconnaissance vous est chose facile : tous les bonheurs vous environnent, toutes les joies vous inondent; aussi tenez-vous à Dieu par toutes les fibres de votre âme. Il faut bien pourtant que vous le sachiez : tous vos jours ne ressembleront point à cette belle et glorieuse journée : viendront les mauvais jours... Alors, si vous étiez assez malheureux pour trahir la sainte et noble cause que vous venez d'embrasser, Dieu, n'en doutez pas, vous accablerait de tout le poids de son inexorable vengeance : *affliget vos, atque subvertet postquam vobis, præstiterit bona* » — « Les menaces que vous nous faites au nom de votre Dieu seront sans effet, car nous sommes décidés à servir le Seigneur : *nequaquam ita ut loqueris erit ; sed Domino serviemus.* »

— « Eh bien ! mes enfants, je vous prends à témoin, *testes vos estis ;* je prends à témoin cette assemblée de fidèles, parmi lesquels je découvre vos amis, vos maîtres, vos bien-aimés parents. Je prends à témoin cette chaire du haut de laquelle je vous parle ; ces tribunaux sacrés où vous avez retrouvé l'innocence ; cet autel où s'est immolé le Dieu que vous avez reçu ce matin, *testes vos estis*, que c'est librement et sans contrainte que vous vous engagez à servir le Seigneur, et que vous faites avec lui une alliance éternelle.

« Anges du ciel préposés à la garde de ces petits enfants, et vous, patrons dont ils portent les noms glorieux, redoublez de vigilance et de prières !... Priez, pour que cette solennelle démarche soit pour tous ces enfants chéris le premier pas dans la voie du salut... »

A ces mots, les enfants s'acheminent processionnellement vers les fonts sacrés, en chantant le psaume : *In exitu Israël de Ægypto*, où sont racontés tous les prodiges du Ciel en faveur du peuple hébreu fuyant l'Egypte, et offrant en sa personne la parfaite image de l'Eglise, toujours en lutte, mais aussi toujours victorieuse.

Arrivés près des fonts, ces nouveaux Israélites étendent la main et ratifient, d'une voix fortement accentuée, les engagements que d'autres avaient pris pour eux au jour de leur baptême. Des fonts sacrés ils passent à l'autel de Marie, pour la prier de sauver de l'oubli les engagements solennels qu'ils venaient de renouveler à la face du ciel et de la terre. « O Marie ! lui disent-ils dans la simplicité de leur foi et dans la ferveur de leur amour, ô Marie ! Reine auguste du ciel et de la terre, nous venons, à la fin de cette heureuse journée, où, pour la première fois, le Fils de Dieu et le vôtre nous a nourris de sa chair divine, nous consacrer à vous, au début et comme à l'entrée de notre vie. Daignez nous admettre au nombre de vos plus chers enfants, et désormais soyez notre Mère ; soyez notre voie pour aller à Jésus ; notre aide dans nos besoins et le soutien de notre faiblesse.

Prenez aussi sous votre sainte protection le Pasteur de cette paroisse, à qui nous sommes redevables, après Dieu, du bonheur dont nos cœurs surabondent aujourd'hui.

Protégez nos parents et nos bienfaiteurs ; vous devez aimer ceux qui nous aiment si tendrement.

Nous nous jetons dans vos bras et sur votre cœur, ô tendre Mère ! Ne nous abandonnez pas un seul instant pendant notre vie et particulièrement à l'heure de notre mort. Ainsi soit-il. »

Aussitôt après, M. le Curé, reprenant la parole pour la dernière fois, s'est exprimé ainsi : « Le bon Dieu, mes enfants, vient de mettre le comble à toutes les faveurs de la journée, en vous donnant pour mère sa propre Mère... Vous en aviez une pour la plupart ; vous en aurez deux : à votre âge, on n'a pas trop de deux mères... Ayez pour la Mère de Jésus, qui est maintenant la vôtre, toutes les tendresses d'un enfant bien né pour sa mère. Conservez pour elle quelques-unes de vos meilleures pensées, quelques-uns de vos plus doux souvenirs ; aimez-la comme on aime à votre âge. Et vous, ô Marie ! montrez que vous êtes vraiment leur Mère, *monstra te esse Matrem*. Nous vous les confions tout à fait ; nous les suspendons à votre cou comme de riches médaillons, comme un collier de perles précieuses ; nous les plaçons autour de vos doigts, comme des anneaux d'or ; nous les transplantons dans le jardin de votre cœur, comme autant de jeunes lis. C'est là qu'ils croîtront à l'abri des orages, sous le regard de votre cœur maternel. Mais vous en aurez bien soin, n'est-ce pas, bonne Mère? Dites que vous en aurez bien soin ! Dites que vous les protégerez toujours ! Nous n'avons rien épargné pour les rendre dignes de vous. Nous avons placé bien des fois votre nom sur leurs lèvres ; nous avons appris leurs jeunes cœurs à vous aimer. Peut-être avons-nous réussi. Consolidez cet amour; achevez cette œuvre si bien commencée.

Et vous, chers enfants, croissez, grandissez sous ses yeux. Mais déjà vous voilà grands ; vous avez accompli en ce jour l'acte le plus important de la vie catholique ; vous vous êtes dépouillés des langes de l'enfance pour revêtir la robe virile des chrétiens : non, vous n'êtes plus des enfants. Désormais, vous allez vous trouver en face de nouveaux devoirs ; ces devoirs pourront être parfois bien graves, bien difficiles. Si jamais vous ressentiez le poids de la tribulation inséparable de toute existence humaine, n'oubliez pas que Marie est votre Mère, et que le cœur d'une telle Mère est fait pour tout entendre, pour tout guérir et pour tout consoler. »

Après ces paroles, dites et écoutées avec une émotion visible, a eu lieu la bénédiction du Très-Saint Sacrement.

Ainsi s'est terminé ce jour si bien rempli. Si j'en juge par les saintes impressions que j'ai ressenties, cette fête, vraiment belle et touchante, laissera au milieu de nous les plus durables souvenirs.

Pour mon propre compte, j'aurais voulu demeurer plus longtemps dans cette chère église, où venaient de s'accomplir les plus augustes mystères du christianisme; mais le jour touchait à sa fin, et d'autres soins réclamaient ma présence ailleurs: il fallait donc s'en séparer; je la quittai avec regret. Après avoir jeté un dernier regard sur cette foule pieusement émue, sur ces mères heureuses et fières de retrouver leurs enfants comme agrandis et transformés par la grande action du matin, je repris le chemin de ma demeure, remerciant Dieu de ce que, dans sa bonté, il m'avait ménagé un beau jour sur la terre, le priant de préserver ces nouveaux Josephs de la dent du loup, et de répandre sur eux les plus amples bénédictions.

Et maintenant, mon cher ami, si le récit, assurément bien incomplet, d'une cérémonie à laquelle j'ai pris une vive part, sait te procurer une utile et agréable distraction, t'inspirer une bonne pensée, ajouter un souvenir de plus à tes souvenirs heureux, je ne te demande qu'une chose en retour : c'est de ne pas oublier celui qui se dira toujours, dans le cœur du bon Maître,

Ton ami,

Y...

INE